# HALLOWEEN VS DIA DE LOS MUERTOS

Verónica Moscoso

## SPANISH EASY READER
## LEVEL 2

**veromundo**
www.veromundo.store

# HALLOWEEN VS
# DIA DE LOS MUERTOS
## is published by

veromundo

Authored by Verónica Moscoso
Cover art by Sara Vera Lecaro
Illustrations by Mohan Sonawane

First edition published September, 2020.

ISBN: 978-1-7342399-3-5

# Acknowledgements

Special thanks to:

Alejandra Escobedo who shared her memories and her story, and Lluvia Torres for letting us use her image to portray Aleja.

# 1

## LAS AMIGAS INSEPARABLES

Hola. Me llamo Alejandra, pero puedes decirme Aleja. Mis amigos me dicen Aleja. Mi familia me dice Aleja. La verdad es que todos me dicen Aleja. Vivo en Richmond, California. Tengo 16 años. Vivo con mi mamá, mi papá, mi hermano y mi abuelita. Mi mamá, mi papá y mi abuelita son de México. Son de una parte de México que se llama Veracruz.

Mi mejor amiga es Jen, se llama Jennifer, pero sus amigos le dicen Jen. Su familia le dice Jen. La verdad es que todos le decimos Jen. Ella es como mi familia, es como mi hermana. Somos vecinas. Somos amigas desde bebés.

Jen y yo somos iguales. Ella también vive en Richmond. Ella también tiene 16 años. Ella y yo vamos a la misma escuela. Ella y yo vivimos en la misma calle. La casa de Jen está al lado de mi casa.

Jen y yo somos diferentes. Ella vive con su mamá y su papá, pero no vive con su abuelita. Su abuelita vive en otra casa. Ella tiene una hermana y yo tengo un hermano. La familia de Jen no es de México.

Yo tengo tres mascotas: dos gatos y una perra. Ella tiene una mascota, una gata. Yo tengo el pelo negro. Ella es pelirroja. Yo tengo ojos negros. Ella tiene ojos azules. Yo tengo piel morena. Ella tiene piel blanca.

Jen y yo somos iguales y somos diferentes al mismo tiempo. No importa. Lo importante es que somos muy amigas. Nuestras mamás son grandes amigas. Nuestros papás son grandes amigos.

Hay una cerca entre la casa de Jen y mi casa. Mi familia y la familia de Jen hicieron una puerta en la cerca. Hicieron la puerta para Jen y para mí. Entonces, yo voy a la casa de Jen cuando quiero. Y Jen viene a mi casa cuando quiere.

Desde niñas vamos juntas a la escuela. Todos dicen: ¡Aleja y Jen son inseparables!

Es verdad. Jen y yo somos inseparables. Nos gusta estar juntas. Pero, también es verdad que a veces tenemos peleas. Nuestras peleas no son importantes. Pero hace una semana Jen y yo peleamos. La pelea fue muy grande. No quiero hablar con ella. Ella no quiere hablar conmigo. No nos hablamos.

# Vocabulario del Capítulo 1

**a** to
  **a veces** sometimes
**abuelita** grandma
**al: al lado** next to
  **al mismo tiempo** at the
  same time
**amiga(s), amigo(s)** friend(s)
**años** years
**azules blue** (plural)
**bebés** babies
**blanca** white
**calle** street
**casa** house
**cerca** fence
**como** like, as
**con** with
**conmigo** with me
**conocemos** we know
  **nos conocemos desde**
**bebés** we know each other since
  babies
**cuando** when
**de** of
**decimos: le decimos Jen**
  we call her Jen
**decirme: puedes decirme**
  **Aleja** you can call me Aleja
**desde** since
**dice: su familia le dice Jen**
  her family calls her Jen
  **mi familia me dice Aleja**
  my family calls me Aleja
**dicen: me dicen Aleja** (they)
  call me Aleja
  **le dicen Jen** (they) call her
  Jen
**diferentes** different
**el** the
**ella** her / she

**en** in
**entonces** then
**entre** between
**es** is
**escuela** school
**estar** to be
**familia** family
**gata** cat (female)
**gato** cat (male)
**grande(s)** big
  **grandes amigas, grandes**
  **amigos** great friends
**gusta: nos gusta estar juntas**
  we like to be together
**hablar** to talk
**hace: hace una semana** a
  week ago
**hay** there is
**hermana** sister
**hermano** brother
**hicieron** they made
**hola** hello
**iguales** same, alike
**importantes** important
**inseparables** inseparable
**juntas** together
**la** the
**lado: al lado** next to
**las** the
**le: le decimos Jen** we call her
  Jen
  **su familia le dice Jen**
  her family calls her Jen
  **le dicen Jen** (they) call
  her Jen
**llama: se llama Jennifer**
  her name is Jennifer
**llamo: me llamo  Alejandra**
  my name is Alejandra

**lo: lo importante** the important thing
**mamá(s)** mom(s)
**mascota(s)** pet(s)
**me dicen Aleja** (they) call me Aleja
**me llamo Alejandra** my name is Alejandra
**mejor** best
**mi** my
**mí** me
**mis** my
**misma** same
**mismo** same
**morena** dark-skinned
**muy** very
**negros** black
**niñas** girls, little girls
**nos: nos conocemos** we know each other
**nosotras** we
**nuestras, nuestros** ours
**ojos** eyes
**otra** other
**papá(s)** dad(s)
**para** for
**parte** part
**pelea(s)** fight(s)
**pelirroja** red-haired
**pelo** hair
**pero** but
**perra dog** (female)
**piel** skin
**puedes** (you) can
**puerta** door
**que** that
**quiere: cuando quiere** when s/he wants
**quiero: cuando quiero** when I want
**se: se llama Jennifer** her name is Jennifer
**semana** week

**somos** we are
**son** they are
**su** her (pronoun)
**sus** their (pronoun)
**también** also
**tenemos** we have
**tengo** I have
  **tengo 16 años** I am 16
**tiempo** time
**tiene** has
**todos** everyone
**tres** three
**tuvimos** we had
**un, una** a
**vamos** (we) go
**veces: a veces** sometimes
**vecinas** neighbors
**verdad** truth
**viene** comes
**vive** lives
**vivimos** (we) live
**vivo** (I) live
**voy** (I) go
**y** and
**yo** I

## 2

# MI ABUELITA Y LA TRADICIÓN

Mi abuelita se llama Alejandra. Tenemos el mismo nombre. Pero a mí me dicen Aleja y a ella le dicen Señora Alejandra. Mi abuelita y yo somos grandes amigas.

Gracias a mi abuelita soy bilingüe. Hablo inglés en todas partes: en la escuela, con mis amigos, con papá y mamá. Pero siempre hablo español con mi abuelita.

Ella me enseña muchas cosas sobre la cultura mexicana. Gracias a mi abuelita aprendo mucho. Mi abuelita me enseña a mí y también le enseña a Marco, mi hermano. Le enseña a Jen y también a Zoe, la hermana de Jen.

Mi abuelita nos habla sobre el Día de los muertos. Ella nos enseña las tradiciones. Mi abuelita siembra "flor de muerto". La flor de muerto es de un color amarillo intenso. Es una flor muy bonita. Jen, Zoe, Marco y yo ayudamos a sembrar las flores.

Mi abuelita cocina mole y tamales. Nosotros ayudamos a cocinar. Ella también hace pan. El

Pan de muerto

pan se llama "pan de muerto". Es un pan dulce. Nosotros ayudamos a hacer el pan.

Todos los años, el 1 y 2 de Noviembre, mi familia celebra el Día de los muertos. Mi abuelita hace un altar. Decora el altar con muchas cosas, con fotos de personas que ama y que están muertas. Siempre está la foto de mi abuelo, que murió. Ella decora el altar con flores de muerto, con figuras de esqueleto y con calaveras. Jen, Zoe, Marco y yo ayudamos a decorar el altar.

La tradición dice que los muertos visitan a los vivos. Los espíritus de las personas que amamos nos visitan. Los espíritus de los niños nos visitan el 1 de noviembre. Los espíritus de los adultos nos visitan el 2 de noviembre. El mole, los tamales y el pan son ofrendas para los muertos.

La comida también es para los vivos. Nosotros comemos el mole, los tamales y el pan, en el Día de los muertos.

Mi abuelita habla sobre esta tradición en México. El Día de los muertos se celebra en

**Altar**

muchas partes de México. También se celebra en Veracruz. La celebración es muy grande.

Mi abuelita dice que en México las familias celebran esta fiesta con amor y alegría. Están alegres porque los espíritus de personas que aman, nos visitan. Las personas no sienten miedo.

Desde niña yo quería ir a Veracruz. Quería vivir esta tradición en México. A mi abuelita le gusta celebrar esta tradición en México.

El año pasado mi abuelita y yo estuvimos en México. Estuvimos en Veracruz. Estuvimos, en Veracruz, en el Día de los muertos. El Día de los muertos en Veracruz es una fiesta espectacular.

Es una fiesta de las familias y también una fiesta de la comunidad. La celebración tiene música, danza, color, luz, comida, flores y alegría.

El día de los muertos es una celebración para recordar. Recordamos a los muertos que amamos. Recordamos en una fiesta de amor y alegría.

# Vocabulario del Capítulo 2

**a** to
  **a mi abuelita le gusta** my grandma likes
**abuelita** grandma
**abuelo** grandfather
**adultos** adults
**alegres** happy
**alegría** happiness
**altar** altar
**ama** to love
**amamos** we love
**aman** they love
**amarillo** yellow
**amiga(s)** female friend(s)
**amigo(s)** friend(s)
**amor** love
**año(s)** years
**aprendo** I learn
**ayudamos** (we) help
**bilingüe** bilingual
**bonita** beautiful, lovely, nice
**calaveras** skulls
**celebra** celebrate
**celebración** celebration
**celebran** (they) celebrate
**celebrar** to celebrate
**cocina** cooks
**cocinar** to cook
**color** color
**comemos** we eat
**comida** food
**como: como yo** like me
**comunidad** community
**con** with
**cosas** things
**cultura** culture
**danza** dance
**de** of

**decora** decorates
**decorar** to decorate
**desde** since
**día** day
**dice** says
**dicen: a mí me dicen Aleja** they call me Aleja
  **le dicen Señora Alejandra** they call her Mrs. Alejandra
**dulce** sweet
**el** the
**ella** her / she
**en** in
**enseña** teaches
**es** is
**escuela** school
**español** Spanish
**espectacular** spectacular
**espíritus** spirits
**esqueleto** skeletons
**esta** this
**está** is
  **siempre está la foto de mi abuelo** the photo of my grandfather is always there
**están** they are
**estuvimos** we were
**familia(s)** family, families
**fiesta** party, festivity
**figuras** figures
**flore(s)** flower(s)
**fotos** photos
**gracias** Thanks
**grande(s)** great, big
  **grandes amigas** great friends
**gusta: le gusta celebrar** likes to celebrate

**habla** (s/he) talks
**hablo: hablo ingles** I speak
English
   **hablo español** I speak
Spanish
**hace** (s/he) makes
**hacer** to make
**hermana** sister
**hermano** brother
**inglés** English
**intenso** intense
**ir** to go
**la** the
**le** to him, to her
   **le dicen Señora**
**Alejandra** they call her
Mrs Alejandra
   **le enseña a Marco** she
teaches Marco
   **le gusta celebrar** (she)
likes to celebrate
**llama: se llama Alejandra**
her name is Alejandra
   **se llama se llama "pan de
muerto"** it's called "Bread of
the Dead"
**los** the
**luz** light
**mamá** mom
**me** me
   **me dicen Aleja** they call me
Aleja
   **me enseña** she teaches me
**mexicana** Mexican
**mi** my
**mí** me
**miedo** fear
**mis** my
**mismo** same
**mole** a traditional marinade
and sauce originally used
in Mexican cuisine.
**muchas, mucho** a lot

**muertas, muerto(s)** dead
**murió** died
**música** music
**muy** very
**niña** girl, little girl
**niños** children
**nombre** name
**nos** us
   **nos habla** talks to us
   **nos enseña** teaches us
   **nos visitan** they visit us
**nosotras** we
**noviembre** November
**ofrendas** offerings
**pan** bread
   **pan de muerto** Bread
of the Dead
**papá** dad
**para** for
**partes** parts
**pasado:el año pasado** last
year
**pero** but
**personas** people
**porque** because
**que** that
**recordamos** we remember
**recordar** to remember
**se: se llama Alejandra** her
name is Alejandra
   **se llama "pan de muerto"**
it's called "Bread of the Dead"
   **se celebra** it's celebrated
**sembrar** to seed, to plant
**señora: Señora Alejandra**
Mrs. Alejandra
**siembra** seeds, plants
**siempre** always
   **siempre está la foto de mi
abuelo** my grandfather's
picture is always there
**sienten** (they) feel

**no sienten miedo** they don't feel scared

**sobre** about

**somos** we are

**son** they are

**soy** I am

**tamales** a traditional Central American dish, usually corn-based, which is steamed in a corn husk or banana leaf.

**también** also

**tiene** has

**todas: todas partes** everywhere

**todos: todos los años** every year

**tradición(es)** tradition(s)

**un, una** a

**visitan** they visit

**vivir** to live

**vivos** living

**y** and

**yo** I

# 3

## EL PLAN

Tengo un plan. Mi plan es organizar una fiesta este año. Quiero organizar una celebración del Día de los muertos. Mi abuelita piensa que es una excelente idea. Está muy feliz.

Mi abuelita dice:

—A los inmigrantes nos gusta celebrar nuestras tradiciones. Celebrar es importante para nosotros.

Mi plan es organizar una fiesta grande. Podemos hacer la fiesta en mi escuela. Quiero celebrar con todos.

Mi mamá me ayuda. Mi mamá habla con la señora Williams, la directora de mi escuela. La directora dice que es difícil. Todos los años la escuela celebra el festival de otoño. Y también, todos los años la escuela celebra Halloween. Son dos fiestas muy grandes en la escuela. La directora no quiere otra fiesta. Es mucho trabajo. El festival de otoño es una semana antes de Halloween. La directora piensa que podemos mezclar Halloween con el Día de los muertos. Halloween es el 31 de Octubre. El Día de los muertos es el 1 y 2 de Noviembre.

Mi mamá habla conmigo y me pregunta:

—¿Quieres mezclar Halloween con el Día de los muertos?

—El día de los muertos es diferente a Halloween. No se pueden mezclar —contesta mi abuelita.

—El día de los muertos NO es halloween mexicano —contesto yo.

No puedo organizar una fiesta en mi escuela, pero sí puedo organizar una fiesta en mi casa. Mi casa no es grande, pero tiene un patio grande. Mi idea es organizar una fiesta muy bonita en el patio de mi casa. Pienso que es una excelente idea.

—La fiesta tiene que ser el 2 de noviembre. No queremos mezclar con Halloween. Es importante celebrar ese día —dice mi abuelita.

Este año Halloween, 31 de Octubre, es el jueves. Este año el día de los muertos, 2 de noviembre, es el sábado.

—¡Perfecto! La escuela celebra Halloween el jueves y el sábado celebramos el Día de los muertos en mi casa —digo yo.

—Aleja, hay un problema —dice mi mamá.

—¿Cuál es el problema? —pregunto.

—El problema es que la familia de Jen celebra Halloween en su casa. Siempre tienen la fiesta el sábado. Es su tradición celebrar el sábado.

Es verdad. Todos los años la familia de Jen celebra Halloween. La familia de Jen organiza una fiesta muy grande en su casa. Las fiestas de Halloween en la casa de Jen siempre son muy divertidas. Todos los años Marco y yo ayudamos a decorar la casa de Jen. Este año Jen tiene una excelente idea para la fiesta. Quiere convertir su casa en una casa embrujada. Tiene muchas ideas para decorar la casa embrujada. Toda su familia va a ayudar.

Pienso que no hay problema. Voy a hablar con Jen. Ella puede hacer su fiesta el viernes. Yo le ayudo a organizar su fiesta el viernes. Ella me ayuda a organizar mi fiesta el sábado.

# Vocabulario del Capítulo 3

**a** to, from
**abuelita** grandma
**antes** before
**año(s)** years
**ayuda: me ayuda** helps me
**ayudamos** (we) help
**ayudar** to help
**ayudo: le ayudo** (I) help
    her
**bonita** beautiful
**casa** house
**celebra** celebrates
**celebración** celebration
**celebramos** (we) celebrate
**celebrar** to celebrate
**con** with
**conmigo** with me
**contesta** (s/he) replies
**contesto** I reply
**convertir** to convert, to
transform
**cuál** what?
**de** of
**decorar** to decorate
**del** of the
**día** day
**dice** says
**diferente** different
**difícil** difficult
**digo** I say
**directora** director, principal
**divertidas** fun
**dos**, two
**el** the
**ella** her / she
**embrujada** haunted
**en** in
**escuela** school
**ese** that

**esta** this
**está** is
**este** this
**excelente** excellent
**familia** family
**feliz** happy
**festival** festival, fest
**fiesta(s)** party(ies)
**grande(s)** big
**gusta: nos gusta** we like
**habla** (s/he) talks
**hablar** to talk
**hacer** to make
**hay** there is
**idea(s)** idea(s)
**importante** important
**inmigrantes** immigrants
**jueves** Thursday
**la** the
**las** the
**le: le ayudo** (I) help her
**los** the
**mamá** mom
**me** me
**mexicano** Mexican
**mezclar** mix
**mi** my
**muchas, mucho** a lot
**muertos** dead
**muy** very
**nos: nos gusta** we like
**nosotros** we
**noviembre** November
**nuestras** ours
**octubre** October
**organiza** (s/he) organizes
**organizar** to organize
**otoño** Fall
**otra** other

**para** for
**patio** backyard
**perfecto** perfect
**pero** but
**piensa** (s/he) thinks
**pienso** I think
**plan** plan
**podemos** we can
**pregunta** (s/he) asks
**pregunto** I ask
**problema** problem
**pueden** (they)can
    **no se pueden mezclar**
they can't be mixed
together
**puedo** I can
**que** that
**queremos** we want
**quiere** (s/he) wants
**quieres: ¿quieres?** Do you
want?
**quiero** I want
**sábado** Saturday
**se: no se pueden mezclar**
they can't be mixed
together, they can't be
**semana** week
**señora** Mrs
**ser** to be
**sí: sí puedo** yes, I can
**siempre** always
**son** they are
**su** her (pronoun)
**también** also
**tengo** I have
**tiene** (it, s/he) has
**tienen** (they) have
**toda: toda su familia** the
entire family
**todos: celebrar con todos**
celebrate with everyone
**todos los años** every year
**trabajo** work

**tradición(es)** tradition(s)
**un, una** a
**va: va a ayudar** is going to
help
**verdad** true
**viernes** Friday
**voy** (I) go
**y** and
**yo** I

# 4

## LA PELEA

Voy a la casa de Jen. Hablo con ella. Jen sabe que tengo un plan. Ella sabe que este año quiero organizar la fiesta del Día de los muertos. Jen quiere celebrar el Día de los muertos. Pero no quiere cambiar el día de su fiesta.

—No quiero mi fiesta el viernes —dice Jen— es mucha competencia. Hay muchas fiestas de Halloween el viernes.

—Pero es importante celebrar el Día de los muertos el sábado —digo yo.

—Todos los años mi familia organiza una fiesta de Halloween el sábado. Es nuestra tradición. Aleja, tú sabes eso. Tú eres parte de la fiesta. Tú siempre me ayudas.

—Es verdad. Y este año también voy a ayudar. Y tú me vas a ayudar con mi fiesta.

—Sí te voy a ayudar, pero no quiero tener mi fiesta el viernes. Nadie va a venir.

—Jen, no es importante si la fiesta es viernes o sábado. Todos van a venir. Tus fiestas son excelentes.

—Aleja, tú puedes cambiar el día de tu fiesta. Puedes hacer tu fiesta el viernes.

—No queremos mezclar con Halloween. Es importante celebrar el sábado. Este año el 2 de noviembre es sábado. Es la tradición.

—Aleja, tú no quieres cambiar tu tradición, pero quieres cambiar la tradición de mi familia.

Jen y yo hablamos mucho. Ella y yo peleamos. Estoy enojada con Jen. Jen está enojada conmigo.

Voy a mi casa. Hablo con mi mamá y con mi abuelita. Estoy enojada. Mi mamá me dice:

—No tienes que pelear con Jen. Su familia tiene una tradición. Tienes que entender a Jen.

—Yo voy a organizar mi fiesta el sábado. No importa si Jen tiene su fiesta el mismo día —digo enojada.

—Tener las dos fiestas el mismo día es una mala idea —dice mi mamá.

—Es verdad, es una *muy* mala idea —dice mi abuelita.

Mi abuelita y mi mamá son amigas de la familia de Jen. Hay mucho amor entre las dos familias. Ellas no quieren competencia entre dos fiestas, no quieren problemas.

Estoy enojada con Jen, con mi mamá y con mi abuelita. ¡Es importante celebrar nuestra tradición!

# Vocabulario del Capítulo 4

**a** to
**abuelita** grandma
**amigas** friends
**amor** love
**año(s)** year(s)
**ayudar** to help
**ayudas: tú siempre me
ayudas** you always help me
**cambiar** to change
**casa** house
**celebrar** to celebrate
**competencia** competition
**con** with
**conmigo** with me
**de** of
**del** of the
**día** day
**dice:** (s/he) says
    **me dice:** tells me
**digo** I say
**dos** two
**el** the
**ella(s)** they (female)
**enojada** mad
**entender** understand
**entre** between
**eres** (you) are
**es** is
**eso** that
**está** is
**este** this
**estoy** I am
**excelentes** excellent
**familia(s)** family(ies)
**fiesta(s)** party(ies)
**hablamos** we talk
**hablo** I talk
**hacer** to do
**hay** there is, there are

**idea** idea
**importa: no importa** never
mind, it's not important
**importante** important
**la, las, los** the
**mala** bad
**mamá** mom
**me** me
    **me ayudas** (you) help me
    **me vas a ayudar** (you) are
    going to help me
    **me dice** tells me
**mezclar** mix together
**mi** my
**mismo** same
**mucha(s), mucho** a lot
**muertos** dead
**muy** very
**nadie** nobody
**noviembre** November
**nuestra** ours
**o** or
**organiza** organize
**organizar** to organize
**parte** part
**peleamos** (we) fight
**pelear** to fight
**pero** but
**plan** plan
**problemas** problems
**puedes** (you) can
**que** that
**queremos** (we) want
**quiere** (s/he) wants
**quieren** (they want)
**quieres** (you) want
**quiero** (I) want
**sábado** Saturday
**sabe** (s/he) knows

**sabes** (you) know

**si** if

**sí: sí te voy a ayudar** I *am* going to help you

**siempre** always

**son** are

**su** her

**también** also

**te: sí te voy a ayudar** I *am* going to help you

**tener** to have

**tengo** (I) have

**tiene** has

**tienes: tienes que** (you) have to

    **no tienes que pelear** you don't have to fight

**todos: todos los años** every year

**todos van a venir** everyone is going to show up

**tradición** tradition

**tu** your

**tú** you

**tus** your

**un, una** a

**va** (s/he) is going to

**van** (they) are going to

**vas** (you) are going to

**venir** to come

**verdad** true

**viernes** Friday

**voy: voy a ayudar** I'm going to help

    **voy a mi casa** I go home

    **voy a organizar** I'm going to organize

**y** and

**yo** I

# 5

# EN LA ESCUELA

Después de la pelea, Jen y yo no nos hablamos. No vamos juntas a la escuela. En la escuela todos saben que Jen y yo estamos enojadas.

Todos están sorprendidos. Todos preguntan: "¿Qué pasó?"

Nuestros maestros también están sorprendidos. La señorita Moya, nuestra maestra de estudios sociales, tiene una idea: Jen tiene que investigar la historia de Halloween. Yo tengo que investigar la historia del Día de los muertos. Tenemos una semana para investigar. Debemos hacer una presentación.

Después de una semana Jen hace su presentación sobre Halloween. Y yo hago mi presentación sobre el Día de los muertos. Todos en la clase están muy interesados.

—¿Qué cosas son iguales entre las dos fiestas? —pregunta la maestra.

En la clase todos quieren participar.

—Las dos celebraciones son muy antiguas —dice Chris.

—Las dos celebraciones son en otoño —dice Tess.

—Las personas se disfrazan —dice Vanessa.

—Hay cosas dulces para comer —dice Juan —. Todos reímos.

—Las dos son grandes tradiciones —dice Angela.

—Son tradiciones muy divertidas —dice Daniel.

—Hay muchos esqueletos —dice Juan—. Todos reímos.

—¿Qué cosas son diferentes entre las dos fiestas? —pregunta la maestra.

—Halloween viene de Irlanda. El día de los muertos viene de México —dice Olivia.

—En Halloween se cree que los espíritus malos visitan esa noche —dice Pedro.

—En el Día de los muertos se cree que los espíritus de personas amadas visitan esa noche —dice Kim.

—Halloween me da miedo —dice Juan—. Todos reímos.

—La gente no siente miedo el Día de los muertos —dice Charlie.

—Halloween se celebra el 31 de octubre —dice Victoria.

—El Día de los muertos se celebra el 1 y 2 de noviembre —dice Angela.

Todos en la clase están muy interesados en las tradiciones. Es muy divertido ver las cosas iguales y las cosas diferentes entre las dos fiestas.

Después hablo en la clase sobre mi experiencia en México. Hablo sobre mi experiencia en el Día de los muertos.

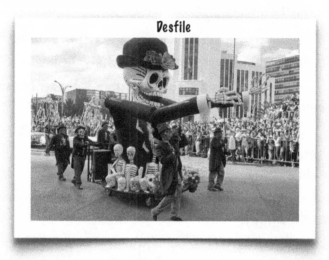

Desfile

En México hay grandes desfiles por el Día de los muertos. Hay bandas de música y grupos de danza. Las mujeres se disfrazan de Catrinas. Los hombres se disfrazan de Catrines. La ciudad está decorada con papel picado de colores. Y hay figuras de esqueletos vestidos. Los esqueletos son grandes y pequeños. También hay calaveras de azúcar.

**Catrinas y Catrines**

Muchas mariposas monarca pasan por Veracruz. La gente piensa que las mariposas monarca son los espíritus de los muertos. Piensan que las mariposas son espíritus que nos visitan. A las mariposas monarca les gusta la flor de muerto.

El Día de los muertos mi abuelita y yo fuimos al cementerio, en la noche. Fuimos a visitar la tumba de mi abuelo. Las familias visitan las tumbas de las personas que aman. Decoran las tumbas con flores de muerto. Decoran las tumbas con velas. Las personas traen ofrendas. La ofrenda es la comida favorita y también las bebidas favoritas del muerto. Las personas comen mole, tamales y pan de muerto encima de las tumbas. Los mariachis tocan música en el cementerio.

Mariachis en el cementerio

Los niños no tienen miedo, juegan a la pelota en el cementerio. Los niños juegan a las escondidas en el cementerio. Los niños están felices. Las familias están felices porque sienten que los espíritus les visitan. Recuerdan a sus muertos. Los recuerdan en una fiesta de amor y alegría.

Después de hablar sobre mi experiencia, la señorita Moya dice:

—Las dos son fiestas muy bonitas. Yo pienso que podemos tener las dos tradiciones en nuestra escuela.

—Sí —decimos todos al mismo tiempo—. Pero yo sé que es difícil. Es mucho trabajo organizar otra fiesta después del festival de otoño y Halloween.

# Vocabulario del Capítulo 5

**a** to
**abuelita** grandma
**abuelo** grandfather
**al: fuimos al cementerio** we
  went to the graveyard
  **al mismo tiempo** at the
  same time
**alegría** happiness
**amadas** loved
**aman** (they) love
**amor** love
**antiguas** ancient
**azúcar** sugar
**bandas** bands
**bebidas** drinks
**bonitas** lovely, nice
**calaveras** skulls
**Catrinas** traditional figurines of
  elegant skeleton ladies
**Catrines** traditional figurines of
  elegant skeleton gentlemen
**celebra: se celebra** is
  celebrated
**celebraciones** celebrations
**cementerio** cemetery
**cerca** close to
**ciudad** city
**clase** classroom
**colores** colors
**comen** (they) eat
**comer** to eat
**comida** food
**con** with
**cosas** things
**cree: se cree** it's believed
**da: me da miedo** scares me
**danza** dance
**de** of
**debemos** (we) have to

**decimos** (we) say
**decorada** decorated
**decoran** (they) decorate
**del** of the
**desfiles** parades
**después** after
**día** day
**dice** (s/he) says
**diferentes** different
**difícil** difficult
**disfrazan: se disfrazan** put on
  their costumes
**divertidas** fun
**divertido** fun
**dos** two
**dulces** sweets
**el** the
**en** in, at
**encima** on
**enojadas: estamos enojadas**
  (we) are mad at each other
**entre** between
**es** is
**escondidas: juegan a las**
**escondidas** (they) play hide and
  seek
**escuela** school
**espíritus** spirits
**esqueletos** skeletons
**está** is
**estamos: estamos enojadas**
  (we) are mad at each other
**están** (they) are
**estudios: estudios sociales**
  Social Studies
**experiencia** experience
**familias** families
**favorita(s)** favorite
**felices** happy

**festival** festival
**figura(s)** figure(s)
**flor(es)** flower(s)
**fuimos** (we) went
**gente** people
**grande(s)** big
**grupos** groups
**gusta: les gusta** they like
**hablamos: no nos hablamos**
  we don't talk to each other
**hablar** to talk
**hablo** (I) talk
**hace** (s/he) makes
**hacer** to make
**hago** (I) make
**hay** there is, there are
**historia** history
**hombres** men
**idea** idea
**iguales** same, alike
**interesados** interested
**investigar** research, investigate
**Irlanda** Ireland
**juegan** (they) play
**juntas** together
**la, las** the
**les: les gusta** they like
  **los espíritus les
  visitan** the spirits visit them
**los** the
**maestra (**female) teacher
**maestros** teachers
**malos** bad
**mariachis** mariachi band
**mariposas** butterflies
**me: me da miedo** scares me
**mi** my
**miedo** fear
  **me da miedo** scares me
**mismo: al mismo tiempo** at
  the same time

**mole** a traditional marinade and
  sauce originally used in
  Mexican cuisine.
**monarca: mariposas
monarca** monarch butterflies
**muchas, mucho, muchos** a lot
**muerto(s)** dead
**mujeres** women
**música** music
**muy** very
**niños** children
**noche** night
**nos: no nos hablamos** we
  don't talk to each other
**nos visitan** they visit us
**noviembre** November
**nuestra, nuestros** our
**octubre** October
**ofrenda(s)** offerings
**organizar** to organize
**otoño** Fall
**otra** other
**pan** bread
**papel** paper
**para** for
**participar** to participate
**pasó: ¿Qué pasó?** What
  happened?
**pasan: pasan por** go through
**pelea** fight
**pelota** ball
**pequeños** small
**pero** but
**personas** people
**picado: papel picado** cut
  paper folk art
**piensa: la gente piensa** people
  think
**piensan** (they) think
**pienso** (I) think
**podemos** we can
**por** for
**porque** because

**pregunta** (s/he) asks
**preguntan** (they) ask
**presentación** presentation
**que** that
**qué** what?
**quieren** (they) want
**recuerdan** (they) remember
**reímos** (we) laugh
**saben** (they) know
**se: se disfrazan** (they) put on
    costumes
    **se cree** it's believed
    **se celebra** it's celebrated
**sé** (I) know
**semana** week
**señorita Moya** Ms. Moya
**Sí** yes
**siente: la gente no siente
miedo** people don't feel scared
**sienten** (they) feel
**sobre** about
**sociales: estudios sociales**
    Social Studies
**son** (they) are
**sorprendidos** surprised
**su** her
**sus** their
**tamales** a traditional Central
    American dish, usually corn-
    based, which is steamed in a
    corn husk or banana leaf.
**también** also
**tener** to have
**tenemos** we have
**tengo** I have
**tiempo** time
**tiene** (s/he) has
**tienen: no tienen miedo**
    they aren't scared
**tocan: tocan música** (they)
    play music
**todos** everyone, everybody
    **todos reímos** we all laugh

**trabajo** work
**tradiciones** traditions
**traen** (they) bring
**tumba(s)** grave(s)
**una** a
**vamos** (we) go
**velas** candles
**ven** (they) see
**vestidos** dressed
**viene: viene de** comes from
**visitan** (they) visit
**visitar** to visit
**vivir** to live
**y** and
**yo** I

# 6

## LA SORPRESA

Sigo enojada con Jen. No vamos a la escuela juntas. No nos hablamos.

Después de 2 semanas, la señora Williams, la directora, quiere hablar conmigo. Ella me pregunta:

—Tú quieres celebrar el Día de los muertos en la escuela, ¿verdad?

—Sí —le contesto—, pero usted no quiere otra fiesta. Usted dice que es mucho trabajo.

—Es verdad, pero algo cambió.

—¿Qué cambió?

—Hay muchas personas que quieren organizar la celebración en la escuela.

—¿Muchas personas?

—¿Quiénes son estas personas?

—Estas personas son todos los amigos de tu clase. Y todas las familias de origen mexicano en la escuela. Hay otras familias que no son de origen mexicano, pero quieren celebrar la fiesta. Piensan que es una excelente idea.

—Pero… es mucho trabajo.

—Mucha gente quiere participar. No hay problema. La fiesta va a ser el sábado 2 de noviembre en la escuela. La fiesta va a ser grande.

Estoy feliz. Después de hablar con la señora Williams, mis amigos preguntan:

—¿Qué te dijo la directora?

—¡Dijo que este año vamos a celebrar el Día de los muertos en la escuela!

Mis amigos están felices.

Una chica que no conozco me pregunta:

—Vas a organizar la fiesta de Día de los muertos. ¿Es verdad?

—Sí, es verdad —contesto.

—Me llamo Verónica. Mi familia es de Ecuador. En Ecuador celebramos el Día de los muertos también. Tenemos nuestras tradiciones. ¿Podemos participar en la fiesta de la escuela? ¿Podemos participar con nuestras tradiciones? —dice la chica.

—Claro que sí. ¡Buena idea! —contesto.

Me pregunto: ¿Cuántos países celebran el Día de los muertos?¿Sus tradiciones son iguales a las de México? o ¿Sus tradiciones son diferentes a las de México?

# Vocabulario del Capítulo 6

**a** to
**algo: algo cambió** something changed
**amigos** friends
**año** year
**buena** good
**cambió: algo cambió** something changed
**celebración** celebration
**celebramos** (we) celebrate
**celebran** (they) celebrate
**celebrar** to celebrate
**chica** girl
**claro: claro que sí** of course yes
**clase** class
**con** with
**conmigo** with me
**conozco: no conozco** (I) don't know
**contesto** (I) answer
**cuántos: ¿cuántos?** how many?
**de** of
**después** after
**día** day
**dice** says
**dice** (s/he) say
   **usted dice** you say
**diferentes** different
**dijo: ¿Qué te dijo la directora?** What did the principal say?
**dijo que este año** she said that this year
**directora** principal
**el** the
**ella** She
**en** in

**enojada** mad
**es** is
**escuela** school
**están** are
**estas: estas personas** these people
**este** this
**estoy** I am
**excelente** excellent
**familia(s)** family(ies)
**felices** happy
**feliz** happy
**fiesta** party
**gente** people
**grande** big
**hablamos** (we) talk
**hablar** to talk
**hay** there is, there are
**idea** idea
**iguales** same, alike
**juntas** together
**la, las** the
**le: le contesto** I answer (her)
**llamo: me llamo Verónica** my name is Verónica
**los** the
**me** me
**me pregunta** (s/he) asks me
**me llamo Verónica** my name is Verónica
**me pregunto** (I) ask myself
**mexicano** Mexican
**mi** my
**mis** my
**mucha(s), mucho** a lot
**muertos** dead
**nos: no nos hablamos** we don't talk to each other
**noviembre** November

**nuestras** our
**o** or
**organizar** to organize
**origen** origen
    **de origen mexicano** of
    Mexican origen
**otra(s)** other(s)
**países** countries
**participar** to participate
**pero** but
**personas** people
**piensan** think
**podemos ¿Podemos**
    **participar ...?** Can we
    participate...?
**pregunta: me pregunta** asks
    me
**preguntan** (they) ask
**pregunto** (I) ask
**problema** problem
**que** that
**qué:¿qué?** what?
**quiénes:¿quiénes?** who?
**quiere: quiere hablar** wants to
    talk
    **no quiere** doesn't want
    **mucha gente quiere**
    **participar** a lot of people
    want to participare
**quieren: quieren organizar**
    (they) want to organize
**quieren celebrar** they want
    to celebrate
**quieres: tú quieres ...?** Do
    you want...?
**sábado** Saturday
**semanas** weeks
**señora Williams** Mrs.
    Williams
**ser** to be
    **va a ser** is going to be
**sí** yes

**claro: claro que sí** of course
    yes
**sigo: sigo enojada** I'm still
    mad
**son** are
**sorpresa** surprise
**sus** their
**también** also
**te: ¿Qué te dijo la directora?**
    What did the principal tell
    you?
**tenemos** we have
**todas, todos** all
**trabajo** work
**tradiciones** traditions
**tu** your
**tú** you
**una** a
**usted** you (formal)
**va: va a ser** is going to be,
    will be
**vamos: no vamos** we don't
    go
    **vamos a celebrar** we
    are going to celebrate
**vas** you are going to
**verdad** true
    **¿Es verdad?** Is it true?
**y** and

# 7

## EL SECRETO

Estoy feliz y no estoy feliz. Feliz porque voy a organizar la celebración. Pero pienso en Jen. Pienso que ella no está feliz. Hablo con mi mamá, mi papá y mi abuelita.

—La fiesta del Día de los muertos es el sábado en la escuela. Y la fiesta de Jen es el sábado también.

—No hay problema —dice mi papá.

—Si hay un problema —digo—. Podemos tener la fiesta en la escuela durante el día. Jen, puede tener su fiesta durante la noche.

—No —dice mi mamá—.

Mi mamá me cuenta que Jen habló con todos en la escuela. Jen recogió firmas de apoyo para la celebración del Día de los muertos. Jen habló con estudiantes, con mamás y papás de la escuela. Gracias a la colaboración de estudiantes y familias, la directora aceptó hacer la celebración. Nadie me dijo que Jen estaba recogiendo firmas. Era un secreto, una sorpresa para mí.

Después de hablar con mi familia voy a la casa de Jen. Hablo con ella.

—Gracias amiga —le digo —Gracias por tu ayuda.

Jen y yo nos abrazamos.

—¿Y tu fiesta de Halloween? —pregunto.

—Este año la fiesta va a ser el viernes.

—Hay muchas fiestas de Halloween el viernes. Hay competencia.

—No importa.

—Pero es la tradición de tu familia.

—La tradición es organizar una gran fiesta en nuestra casa. No es importante si la fiesta es viernes o sábado. ¿Me ayudas?

—Claro que sí.

La familia de Jen piensa que no es importante celebrar su fiesta el sábado. La familia de Jen piensa que es importante celebrar el Día de los muertos.

Después de hablar, Jen y yo ya no estamos enojadas. Jen y yo vamos juntas a la escuela, como siempre. Todos ven que Jen y yo somos inseparables, como siempre.

# Vocabulario del Capítulo 7

**a** to
**abrazamos: nos abrazamos** we hug each other
**abuelita** grandma
**aceptó** accepted
**amiga** friend
**año** year
**apoyo** support
**ayuda** help
**ayudas** ¿Me ayudas?
**casa** house
**celebración** celebration
**celebrar** to celebrate
**claro: claro que sí** of course yes
**colaboración** collaboration
**como** like, as
**competencia** competition
**con** with
**cuenta: me cuenta** tells me
**de** of
**del** of the
**después** after
**día** day, morning
**dice: dice la chica** the girl says
**digo** I say
**dijo: nadie me dijo** nobody told me
**directora** principal
**durante** during
**el** the
**ella** her/she
**en** in
**enojadas: ya no estamos**
**enojadas** we are no longer mad at each other
**era: era un secreto** it was a secret
**es** is

**escuela** school
**está** is
**estaba** (s/he) was
**estamos: ya no estamos**
**enojadas** we are no longer mad at each other
**este** this
**estoy** (I) am
**estudiantes** students
**familia(s)** family(ies)
**feliz** happy
**fiesta(s)** party(ies)
**firmas** signatures
**gracias: gracias a la...** thanks to the...
**gran** big
**hablar** to talk
**hablo** I talk
**habló** (s/he) talked
**hacer** to make
**hay** there are, there is
   **No hay problema** there's no problem
   **Si hay un problema** there *is* a problem
**importa: no importa** it doesn't matter
**importante** important
**inseparables** inseparable
**juntas** together
**la** the
**le: le digo** I tell her
**los** the
**mamá(s)** mom(s)
**me** me
   **me cuenta** tells me
   **¿Me ayudas?** Can you help me
**mi** my

47

**mí** me
**muchas** many
**muertos** death
**nadie** nobody
**noche** night
**nos: nos abrazamos** we hug
   each other
**nuestra** our
**o** or
**organizar** to organize
**otras, otros** others
**papá(s)** dad(s)
**para** for
**pero** but
**piensa** (s/he) thinks
**pienso** (I) think
**podemos** (we) can
**por** for
**porque** because
**pregunto** (I) ask
**problema** problem
**puede** can
**que** that
**claro que sí** of course yes
**recogiendo: recogiendo**
**firmas** collecting signatures
**recogió** collected
**sábado** Saturday
**secreto** secret
**señorita** Miss
**ser** to be
      **va a ser** is going to be
**si** if
**sí** yes
**siempre: como siempre** as
   usual, as always
**somos** we are
**sorpresa** surprise
**su** her
**también** also
**tener** to have
**todos** everyone
**tradición** tradition

**tu** your
**un, una** a
**va: va a ser** is going to be, will
   be vamos
**ven** (they) see
**viernes** Friday
**voy** I go to
**y** and
**ya: ya no estamos enojadas**
   we are no longer mad at each
   other
**yo** I

# 8

# LAS FIESTAS

Es otoño y tenemos muchas fiestas. Jen y yo participamos en la organización de las fiestas.

—Es difícil pero no es imposible —decimos y reímos.

Tenemos el festival de otoño. Después de una semana, el jueves 31 de octubre es Halloween. Tenemos una fiesta en la escuela. El viernes 1 de noviembre es la fiesta de Halloween en la casa de Jen. La fiesta es en la noche. Es excelente, como siempre. Mi hermano y yo ayudamos a decorar. Es muy divertido convertir la casa de Jen en una casa embrujada. Es muy divertido estar en la fiesta también. Jen se disfraza de bruja. Yo también me disfrazo de bruja.

**Mariposas Monarca en flor de muerto**

El sábado 2 de noviembre es el Día de los muertos. Veo unas mariposas monarca en el patio de mi casa. Me siento feliz cuando veo las mariposas. Siento que son espíritus que nos visitan.

La celebración empieza en la tarde y sigue en la noche. Muchas familias de la escuela participan en la organización.

Yo me disfrazo de Catrina. Jen se disfraza de Catrina también. Todas las personas que organizamos nos disfrazamos de Catrinas y Catrines.

Papel picado

La escuela está decorada con papel picado de colores. Decoramos también con flores de papel y mariposas monarca de papel. La escuela también está decorada con esqueletos grandes y pequeños.

Muchas personas hacen un altar muy grande en la escuela. Decoran el altar con figuras de esqueletos vestidos, con fotos de personas que aman y que están muertas. Decoran el altar con flores de muerto y con velas.

También decoran el altar con ofrendas de comida y bebidas. Mi abuelita y otras personas traen mole, tamales y el pan de muerto. Traen calaveras de azúcar. También traen diferentes tipos de comida mexicana y bebidas. La comida es ofrenda para los espíritus. La comida también es para los vivos. Todos en mi escuela comemos mucha comida mexicana en la celebración.

Hay un desfile muy bonito. Hay personas vestidas de mariposas monarca. La banda de la escuela toca música. El grupo de danza de la escuela participa también. Los mariachis tocan música en la escuela.

Hay un momento de silencio para recordar a los muertos. Es un momento de silencio para sentir que los muertos nos visitan. Es un momento de silencio para recordar a los muertos con amor y alegría.

La fiesta en la escuela es espectacular. La celebración tiene música, danza, color, luz, comida, flores y alegría. Mi abuelita está muy feliz. Las familias de origen mexicano están felices. Otras familias inmigrantes están felices también. Hay una familia de Ecuador, una de Guatemala y otra de Brasil que celebran sus tradiciones también. La comunidad está feliz.

Yo siento que Halloween es parte de mi cultura porque nací en California. Siento que el Día de los muertos también es parte de mi cultura porque mi familia es de México. Estoy feliz de celebrar las dos fiestas con la comunidad.

Jen me pregunta —¿Quieres organizar otra fiesta el próximo año en la escuela?

Yo digo —El próximo año, quiero organizar una fiesta ¡en la ciudad de Richmond!

Jen dice —Es difícil pero no es imposible — Jen y yo reímos.

**FIN**

# Vocabulario del Capítulo 8

**a** to
**abuelita** grandma
**alegría** happiness
**altar** altar
**aman** they love
**amor** love
**año** year
**ayudamos** (we) help
**azúcar** sugar
**banda** band
**bebidas** drinks
**bonito** beautiful, lovely, nice
**Brasil** Brazil
**bruja** witch
**calaveras** skulls
**casa** house, home
**Catrina(s)** traditional figurines of elegant skeleton ladies
**Catrines** traditional figurines of elegant skeleton gentlemen
**celebración** celebration
**celebran** (they) celebrate
**celebrar** to celebrate
**ciudad** city
**color(es)** colors
**comemos** we eat
**comida** food
**como** as
    **como siempre** as always
**comunidad** community
**con** with
**convertir** to convert, to transform
**cuando** when
**cultura** culture
**danza** dance
**de** of
**decimos** (we) say
**decorada** decorated

**decoramos** we decorate
**decoran** (they) decorate
**decorar** to decorate
**desfile** parade
**después** after
**día** day
**dice** (s/he) says
**diferentes** different
**difícil** difficult
**digo** (I) say
**disfraza: se disfraza** (s/he) puts on her costume
**disfrazamos: nos disfrazamos** (we) put on our costumes
**disfrazo: me disfrazo** (I) put on my costume
**divertido** fun
**dos** two
**el** the
**embrujada** haunted
**empieza** (it) starts
**en** in, at
**es** is
**escuela** school
**espectacular** spectacular
**espíritus** spirits
**esqueletos** skeletons
**está** is
**están** (they) are
**estoy** I am
**excelente** excellent
**familia(s)** family(ies)
**felices** happy
**feliz** happy
**festival** festival
**fiesta(s)** party(ies), festivity(ies)
**figuras** figures
**flores** flowers

**fotos** photos
**grande(s)** big
**grupo** group
**hacen** (they) make
**hay** there is, there are
**hermano** brother
**imposible** imposible
**inmigrantes** immigrants
**jueves** Thursday
**la, las, los** the
**luz** light
**mariachis** mariachi band
**mariposas** butterflies
**me** me
    **también me disfrazo** I
    also put on my costume
    **me siento feliz** I feel
    happy
    **Jen me pregunta** Jen asks
    me
**mexicana, mexicano** Mexican
**mi** my
**mole** a traditional marinade and
    sauce originally used in
    Mexican cuisine.
**momento** moment
**monarca: mariposas**
**monarca** monarch butterflies
**mucha, muchas** a lot
**muertos** dead
**música** music
**muy** very
**nací** I was born
**noche** night
**nos** us
    **nos visitan** (they) visit us
    **nos disfrazamos** (we)
    put on our costumes
**noviembre** November
**octubre** October
**ofrenda(s)** offerings
**organización** organization
**organizamos** (we) organize

**todas las personas**
**que organizamos** all of us who
    organize
**organizar** to organize
**origen** origen
**otoño** Fall
**otra(s)** other(s)
**pan** bread
**papel** paper
**para** for
**parte** part
**participa** (it, s/he) participates
**participamos** (we) participate
**participan** (they) participate
**patio** bakyard
**pequeños** small
**pero** but
**personas** people
**picado: papel picado** cut
    paper folk art
**porque** because
**pregunta: me pregunta** (s/he)
    asks me
**próximo** next
**que** that
**quieres: ¿quieres?** ¿Do you
    want...?
**quiero** (I) want
**recordar** to remember
**reímos** (we) laugh
**sábado** Saturday
**se: se disfraza** (s/he) puts on
    her costume
**semana** week
**sentir** to feel
**siempre: como siempre** as
    always
**siento** (I) feel
**sigue** continue
**silencio** silence
**son** (they) are
**sus** their

**tamales** a traditional Central American dish, usually corn-based, which is steamed in a corn husk or banana leaf.

**también** also

**tarde** afternoon

**tenemos** we have

**tiene** (s/he) has

**tipos** types

**toca** (it) play music

**tocan: tocan música** (they) play music

**todas: todas las personas** all the people

**todos** everyone

**tradiciones** traditions

**traen** (they) bring

**un** a

**una** one, a

**unas** a few, some

**velas** candles

**veo** (I) see

**vestidas, vestidos** dressed

**viernes** Friday

**visitan** (they) visit

**vivos: los vivos** the living

**y** and

**yo** I

# RESOURCES

In 2008 the Day of the Dead/*Día de los muertos* was inscribed in the Representative List of the Intangible Cultural Heritage of Humanity by UNESCO. The book HALLOWEEN VS. DIA DE LOS MUERTOS can be used to start a conversation about this ancestral Mexican tradition.

There are various videos and documentaries available online that can show how colorful, meaningful, and heart-felt this celebration is in Mexico.

We recommend the following videos:

*Day of the Dead in Michoacán*
Spanish and Go
https://youtu.be/AzWoSgPS3vw

*Mexican Day of the Dead*
The British Museum
https://youtu.be/8FHrhH9k-PY

*A Celebration of Life: El Día de los Muertos* (English Subtitles)
Beautiful Destinations
https://youtu.be/O1q0e2AN4V4

*Day of the Dead: A Celebration of Life* (English Subtitles)
Google Mexico
https://youtu.be/j44yUsIzUks

*Dia de los Muertos: A History*
WQPT PBS
https://youtu.be/lfdWV0QkwH4

# THE AUTHOR

Verónica Moscoso is an author, journalist, and an award-winning documentary filmmaker.

In 2011, Verónica earned a master's degree from the UC Berkeley Graduate School of Journalism.

Her thesis film, *A Wild Idea,* received nine awards of merit and distinction. She is the published author of *Historias con sabor a sueño* (2001), *Los ojos de Carmen* (2005) (with versions in French and English), *Olivia y los monos* (2018), *Chistes para aprender español* (2018), *El Rey Arthur* (2020), *Halloween vs. Día de los Muertos* (2020), *Soñadores* (2020), *El pequeño ángel de Colombia* (2021), and *Alma de lobo* (2021).

She is also the author of various published articles, photographs, multimedia, video, and radio pieces, in both English and Spanish. Throughout her life, Verónica has also worked as a language teacher.

Born and raised in Ecuador, Verónica left her hometown of Quito to live and travel in the Middle East and in Southeast Asia. She chronicled her trips through journal essays and photography. She now lives in the United States and continues creating content.

Her background as a language teacher together with her storytelling skills make her an extraordinary author for language learning books.

For much more information about Verónica, see her website: **www.veromundo.com** To order her books and related materials, go to: **www.veromundo.store**

# THE COVER ARTIST

Sara Vera Lecaro is an Ecuadorian Multidisciplinary Artist based in Barcelona, Spain.

Her Art-Illustration Portfolio is based on drawings and paintings mainly of young women in a surrealistic manner. These illustrations are submerged in translucent layers in several mediums: digital, watercolor painting, and sometimes oils.

Her pastel color portraits are meant to transplant the viewer into that same mind space of wonder and possibility. Every drawing and painting is a reflection of the thoughts and feelings she experiences during the time period of creation.

Her artworks have been used in editorials, books, and fashion covers, and published in several magazines, blogs, and art exhibitions.

For more information see her website: www.saraveralecaro.com

# THE ILLUSTRATIONS' ARTIST

Mohan Sonawane works as an illustrator in Mumbai. He also works on game Designing Illustration storyboard, Graphic Design, Poster Design, & Portrait Painting.

# PHOTOGRAPHY

"Pan de muerto" photo by Agcuesta
"Altar" photo by Alejandra Escobedo
"Desfile" photo by Byelikova Oksana
"Catrinas y Catrines" photo by Loeskieboom
"Mariachis en el cementerio" photo by Efren Ruiz Diaz
"Mariposas y flor de muerto" photo by Barbaraaaa
"Papel picado" photo by Arinahabich

# RECOMMENDED BOOKS

### OLIVIA Y LOS MONOS
Veronica Moscoso
**Level 1**
Based on the true story of the troop of wild monkeys that live in Misahualli and their unique interaction with humans.

### EL REY ARTHUR
Veronica Moscoso
**Level 2**

Based on the true story of Arthur, the Ecuadorian street dog turned into a celebrity.

### EL PEQUEÑO ANGEL DE COLOMBIA
Veronica Moscoso
**Level 2**

The true story of Albeiro Vargas, a Colombian boy famous for his magnificent humanitarian work.

### ALMA DE LOBO
Veronica Moscoso
**Level 2-3**

The extraordinary true story of Marcos Rodríguez Pantoja, the only documented case of a feral child in Spain.

## SOÑADORES
Veronica Moscoso
**Level 3-4**

This story gives a face to the DREAMers, the youth living as undocumented immigrants in the US and the challenges they face.

## LOS OJOS DE CARMEN
Veronica Moscoso
**Level 3-4**

Daniel, an American teen, goes to Ecuador to find the perfect picture for a photography contest. There he meets Carmen, a girl with exceptional eyes…

## CHISTES PARA APRENDER ESPAÑOL
Veronica Moscoso
**Level 2+**

This book is a compilation of 30 short easy-to-read jokes. They are appropriate for all ages and each has a fun illustration, glossary, and questions.

Go to **www.veromundo.store** or write us at: **info@veromundo.com** to order our books and related materials. We offer bulk discounts for school districts, schools, bookstores, and distributors.

www.veromundo.store

## The Best Stories for Language Learners

We use the power of storytelling to promote connection and understanding among the people of the world.

**Follow us:**

 **www.facebook.com/veromundofb**

 **www.instagram.com/veromundo.store**

This book was written by a Latin American author.